Connect the dots from **1** to **25**.
Start at the star ★. Color the picture.

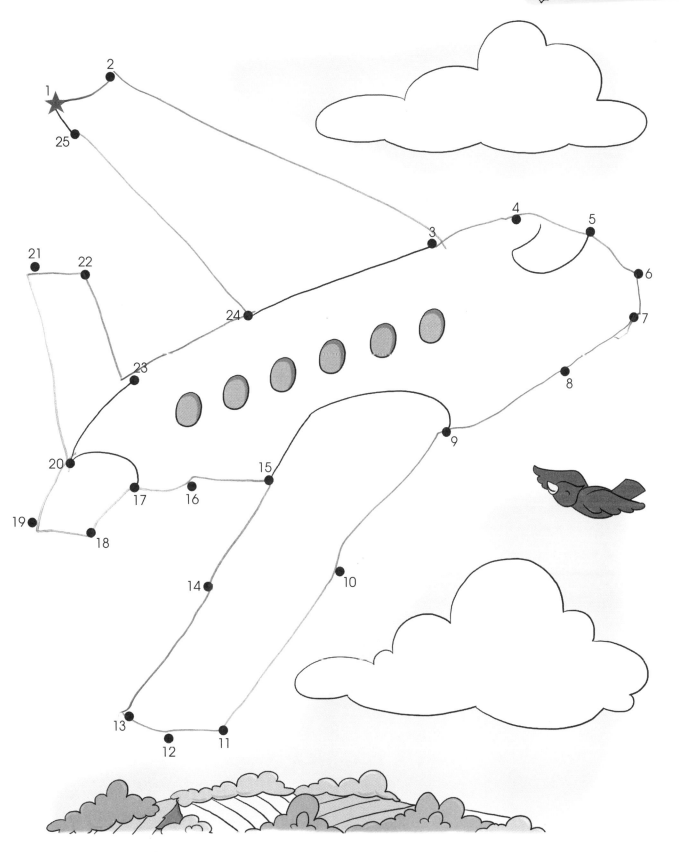

Connect the dots from 1 to **25**.
Start at the star ⭐. Color the picture.

Connect the dots from **1** to **25**.
Start at the star ⭐. Color the picture.

Dot-to-Dots

Connect the dots from **1** to **25**.
Start at the star ★. Color the picture.

Connect the dots from **1** to **25**.
Start at the star ★. Color the picture.

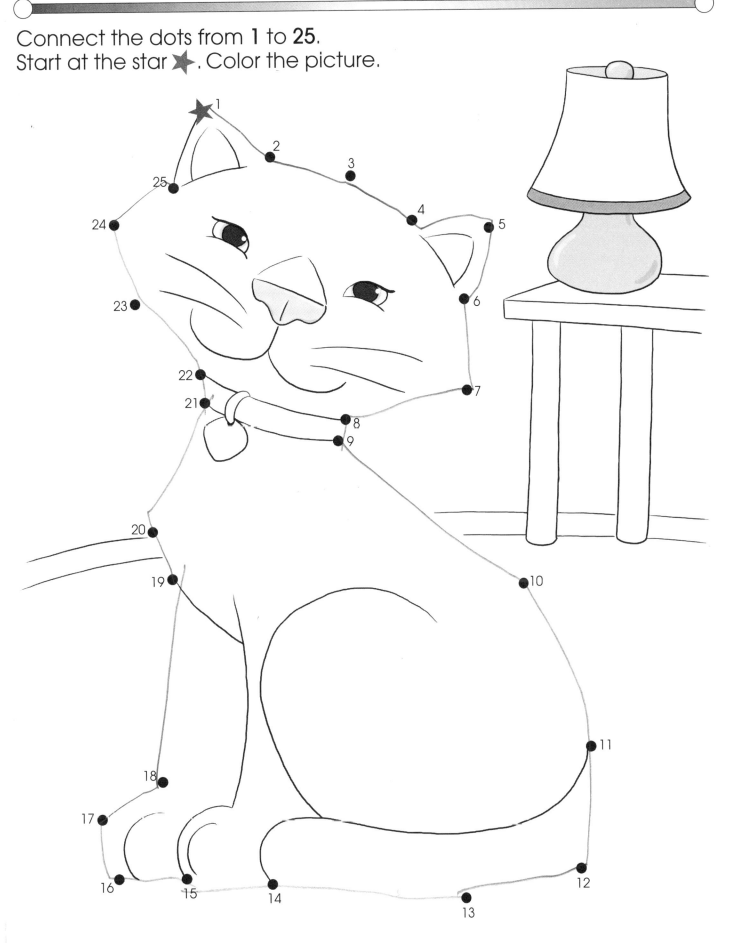

© School Zone Publishing Company

Dot-to-Dots

Connect the dots from **1** to **25**.
Start at the star ⭐. Color the picture.

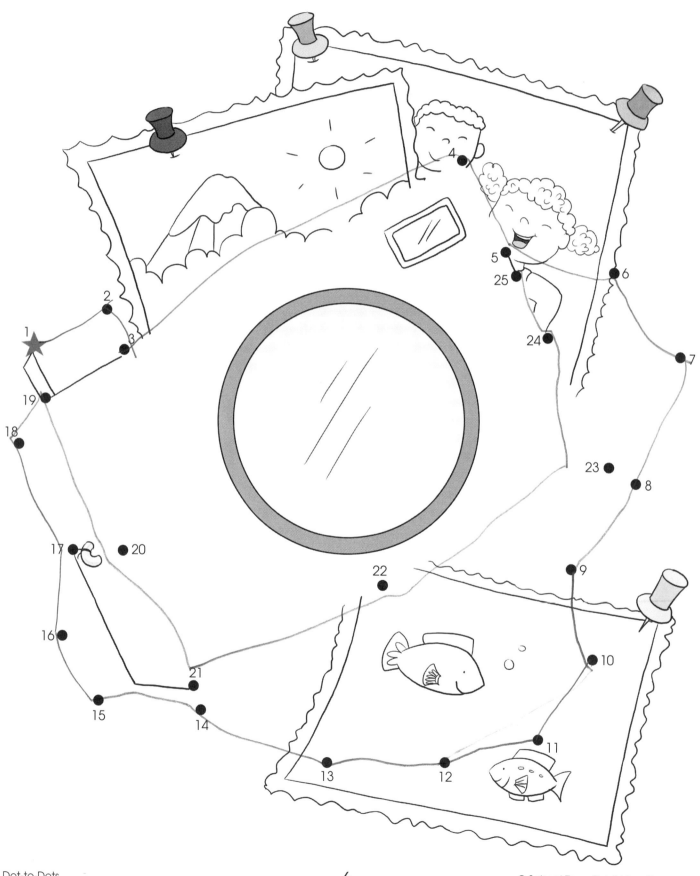

Connect the dots from **1** to **25**.
Start at the star ★. Color the picture.

Connect the dots from **1** to **25**.
Start at the star ⭐. Color the picture.

8

Connect the dots from **1** to **25**.
Start at the star ★. Color the picture.

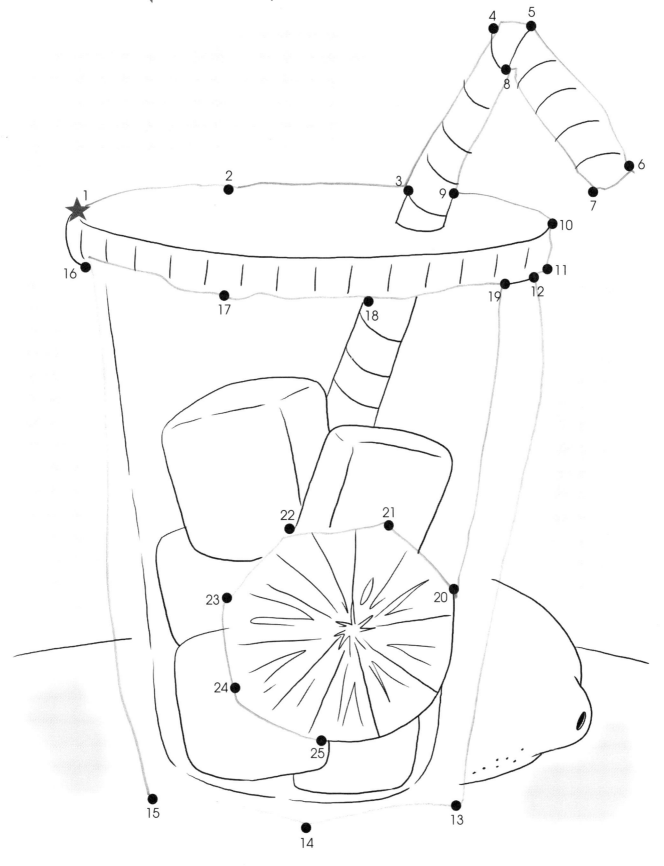

Connect the dots from **1** to **25**.
Start at the star ★. Color the picture.

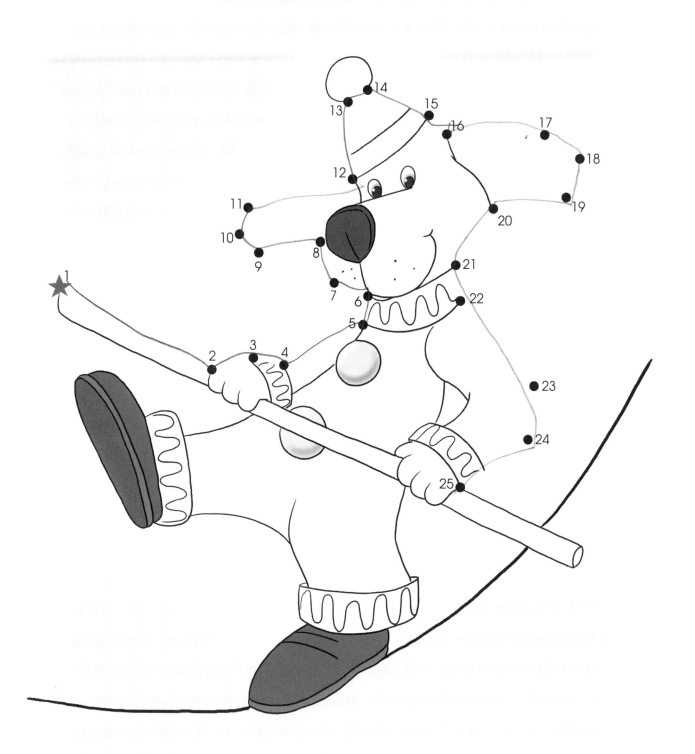

Connect the dots from **1** to **30**.
Start at the star ★. Color the picture.

Dot-to-Dots

Connect the dots from **1** to **30**.
Start at the star ⭐. Color the picture.

Connect the dots from **1** to **30**.
Start at the star ★. Color the picture.

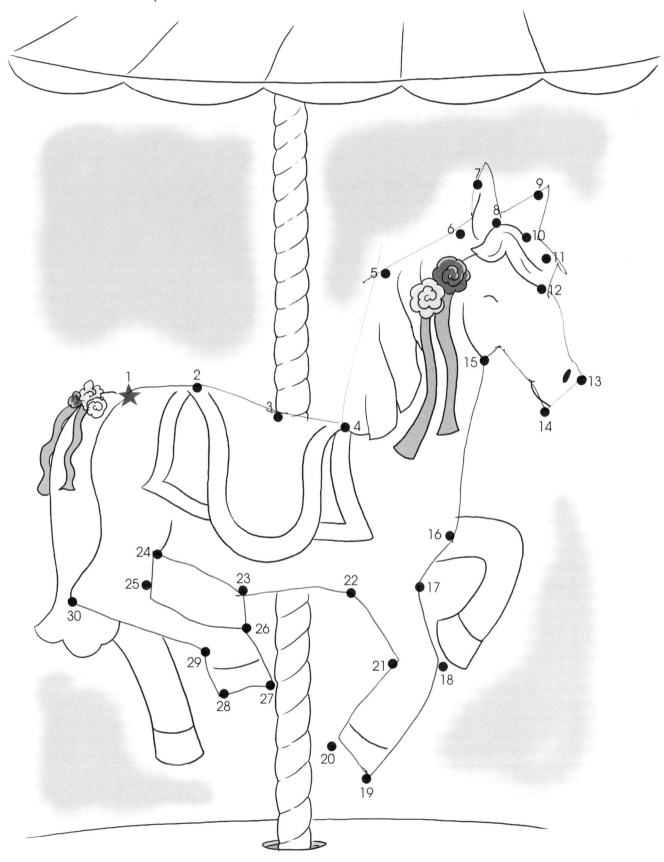

Connect the dots from **1** to **30**.
Start at the star ⭐. Color the picture.

Connect the dots from **1** to **30**.
Start at the star ★. Color the picture.

Dot-to-Dots

Connect the dots from **1** to **30**.
Start at the star ⭐. Color the picture.

Dot-to-Dots

16

Connect the dots from **1** to **30**.
Start at the star ★. Color the picture.

Dot-to-Dots

Connect the dots from **1** to **30**.
Start at the star ⭐. Color the picture.

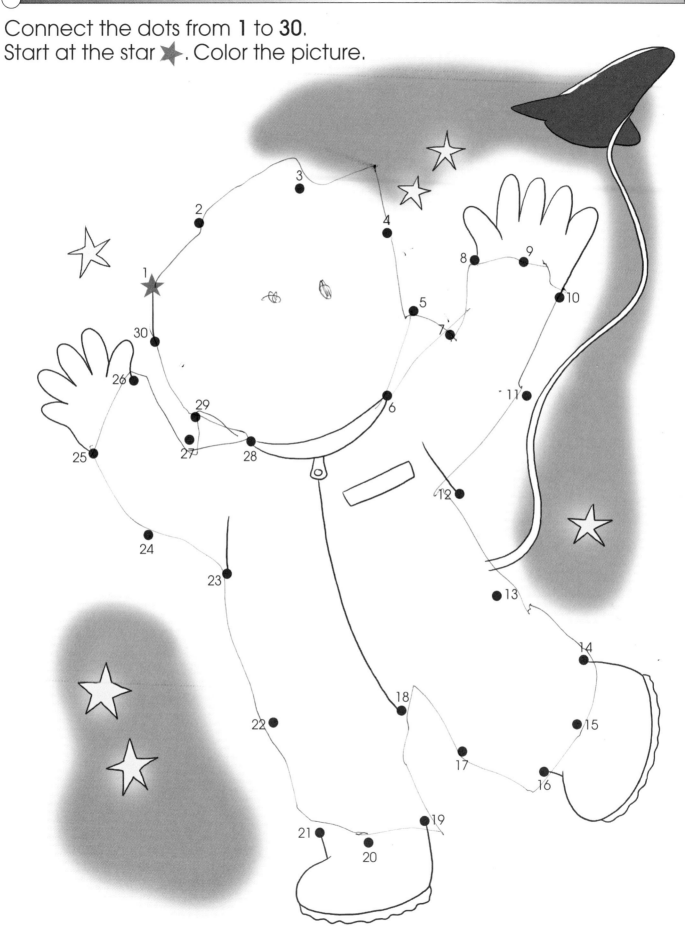

Connect the dots from **1** to **30**.
Start at the star ⭐. Color the picture.

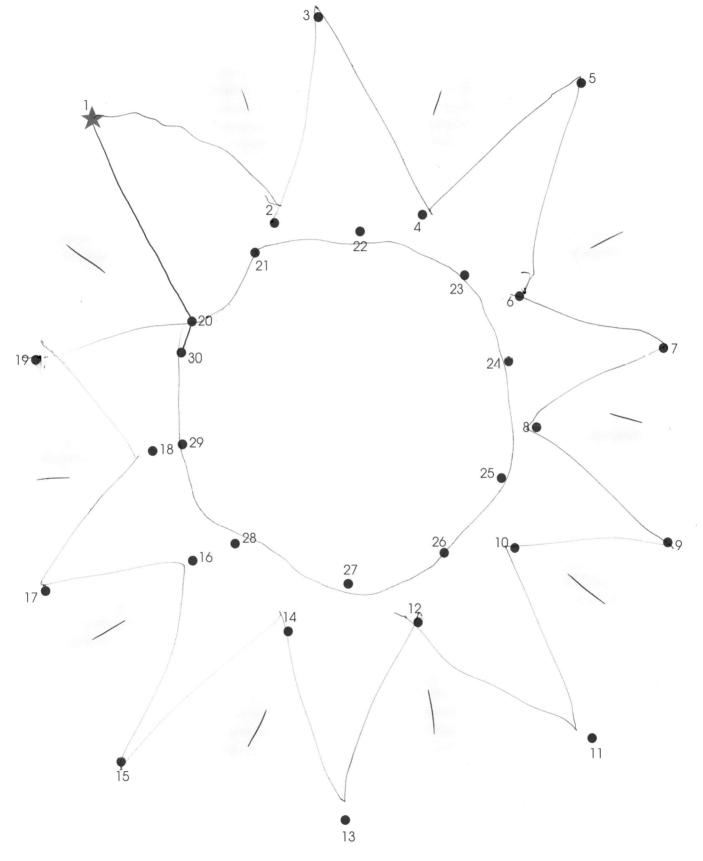

Connect the dots from **1** to **35**.
Start at the star ★. Color the picture.

Connect the dots from **1** to **35**.
Start at the star ⭐. Color the picture.

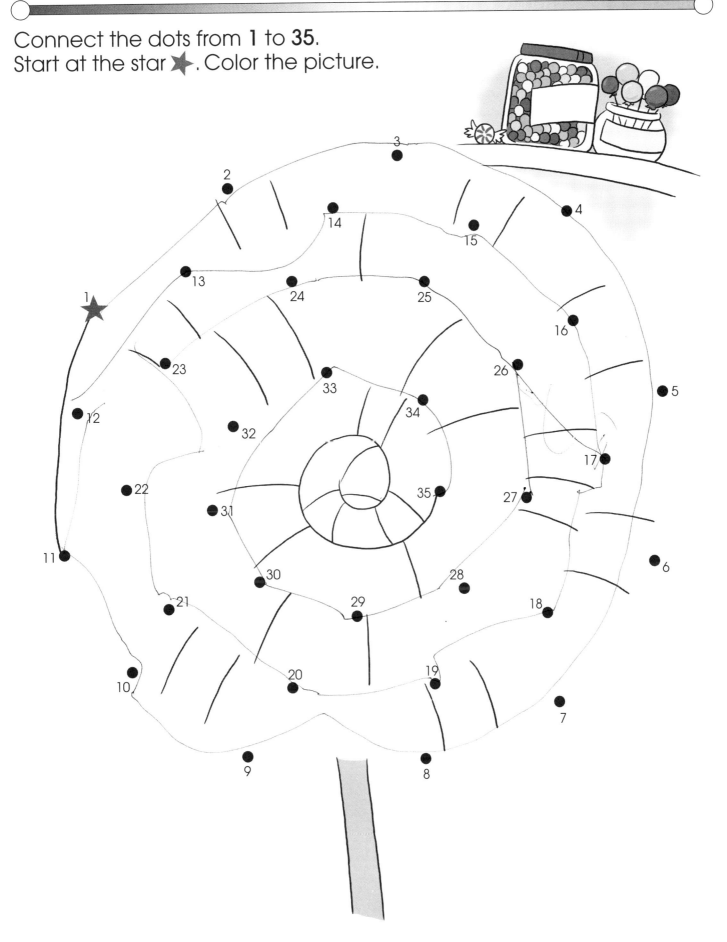

Dot-to-Dots

Connect the dots from **1** to **35**.
Start at the star ⭐. Color the picture.

22

Connect the dots from **1** to **35**.
Start at the star ★. Color the picture.

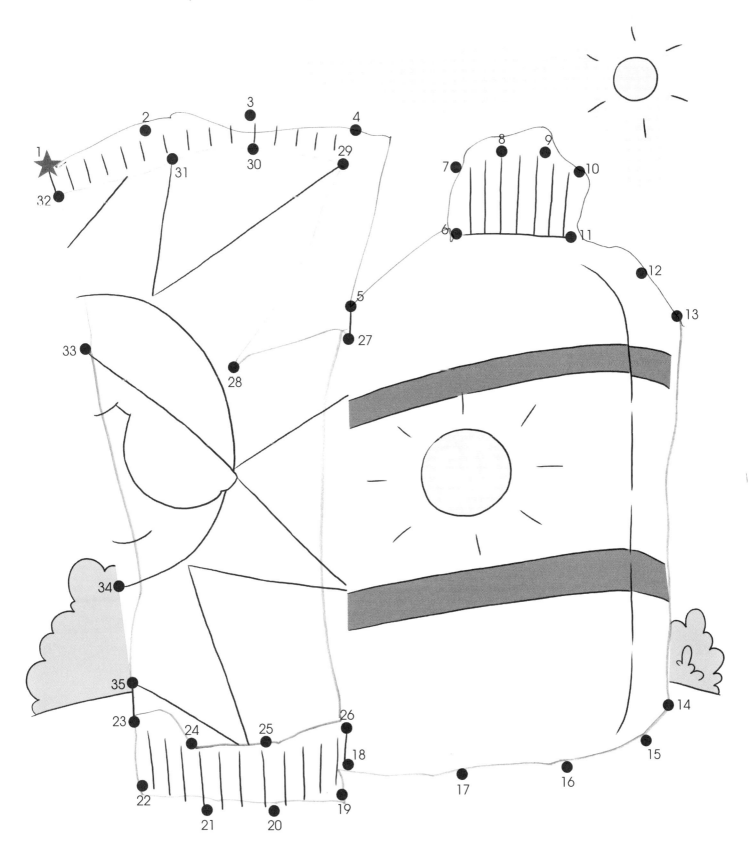

23

Dot-to-Dots

Connect the dots from **1** to **35**.
Start at the star ★. Color the picture.

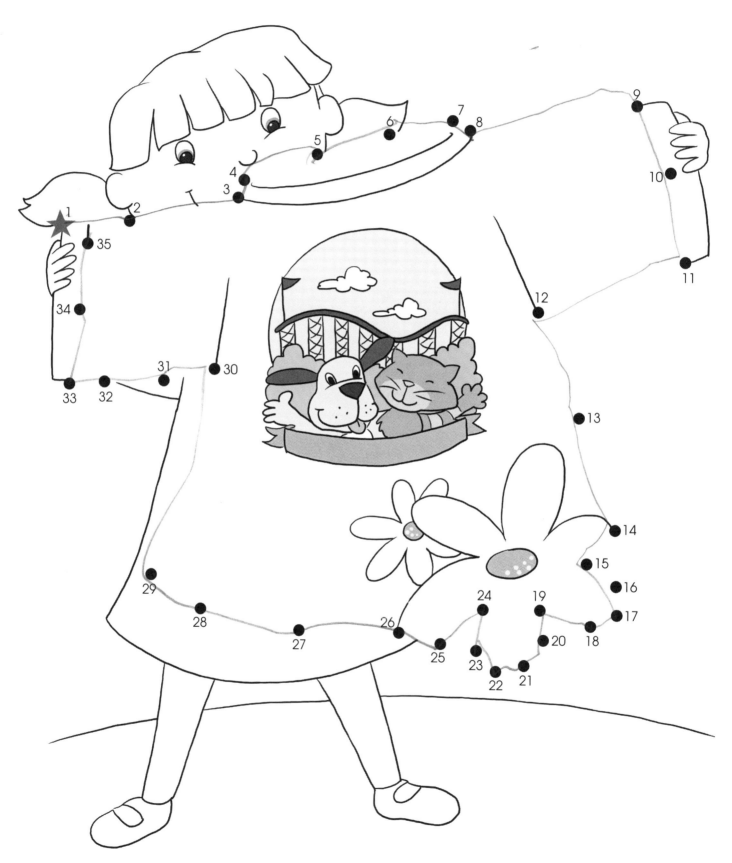

Connect the dots from **1** to **35**.
Start at the star ★. Color the picture.

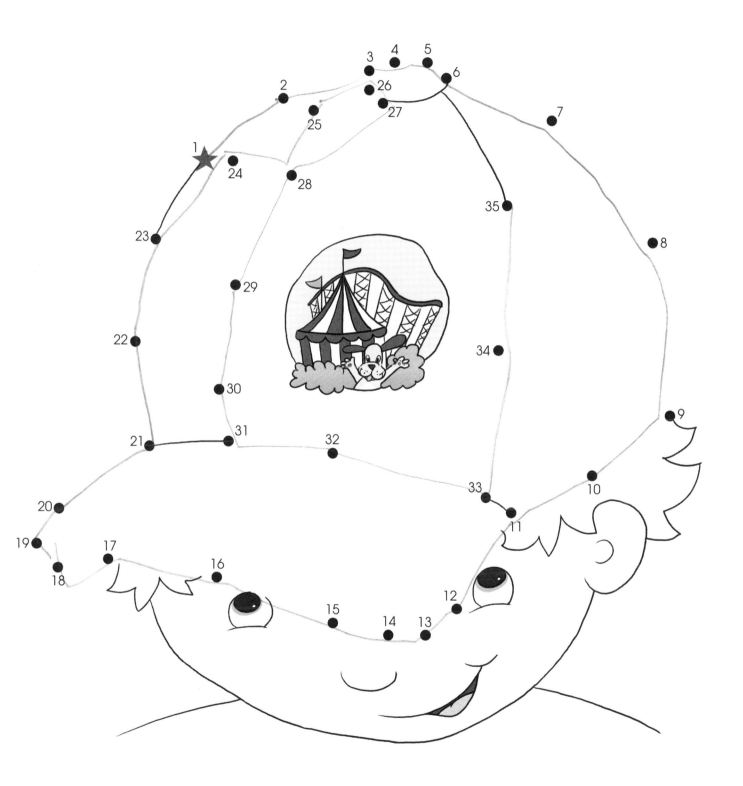

Connect the dots from **1** to **35**.
Start at the star ⭐. Color the picture.

Connect the dots from **1** to **35**.
Start at the star ★. Color the picture.

Connect the dots from **1** to **35**.
Start at the star ★. Color the picture.

28

Connect the dots from **1** to **35**.
Start at the star ⭐. Color the picture.

Connect the dots from **1** to **40**.
Start at the star ⭐. Color the picture.

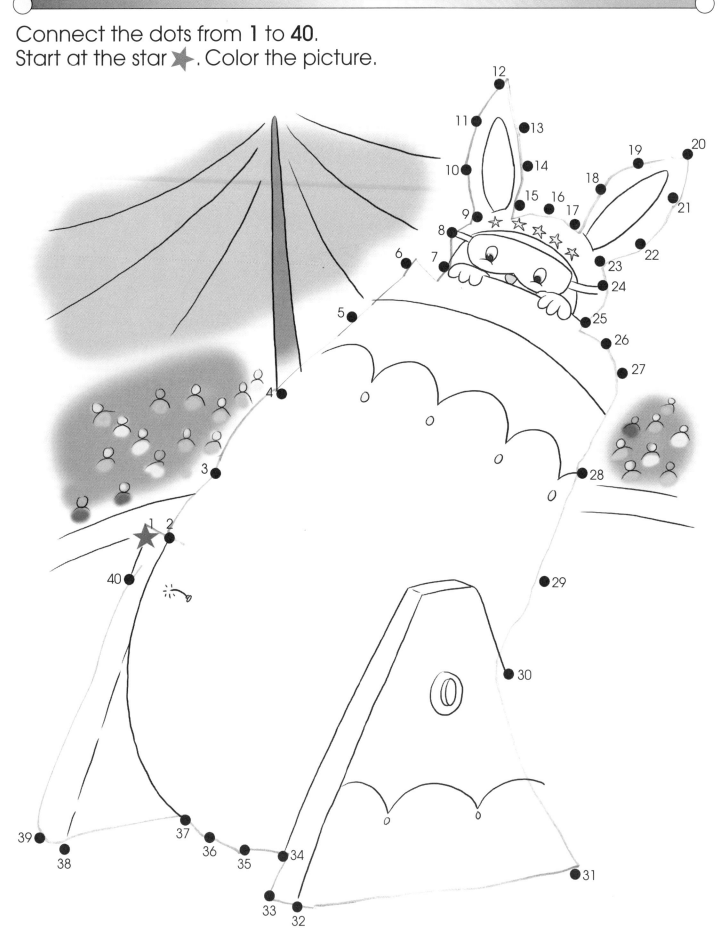

Connect the dots from **1** to **40**.
Start at the star ⭐. Color the picture.

Connect the dots from **1** to **40**.
Start at the star ⭐. Color the picture.

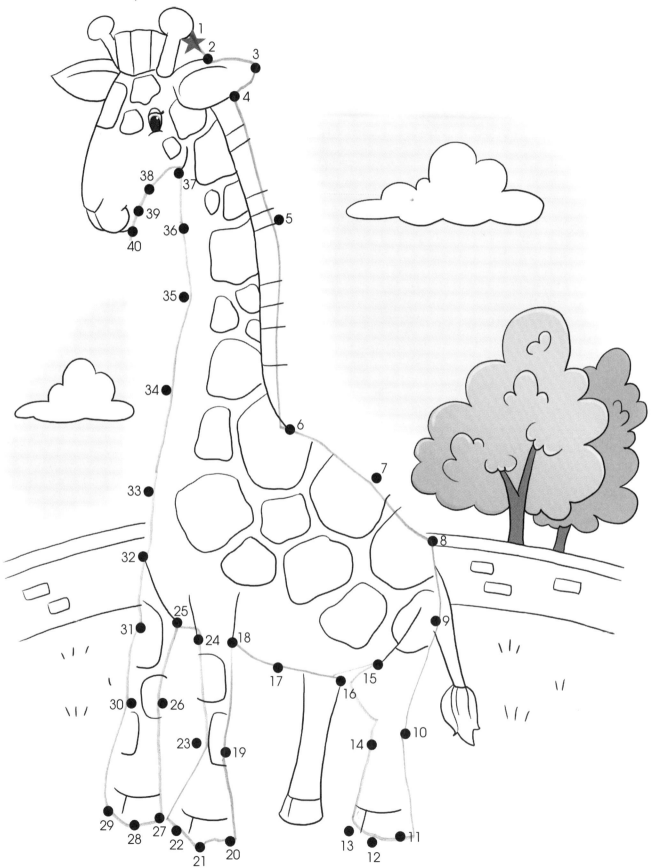

Connect the dots from 1 to **40**.
Start at the star ★. Color the picture.

Connect the dots from **1** to **40**.
Start at the star ⭐. Color the picture.

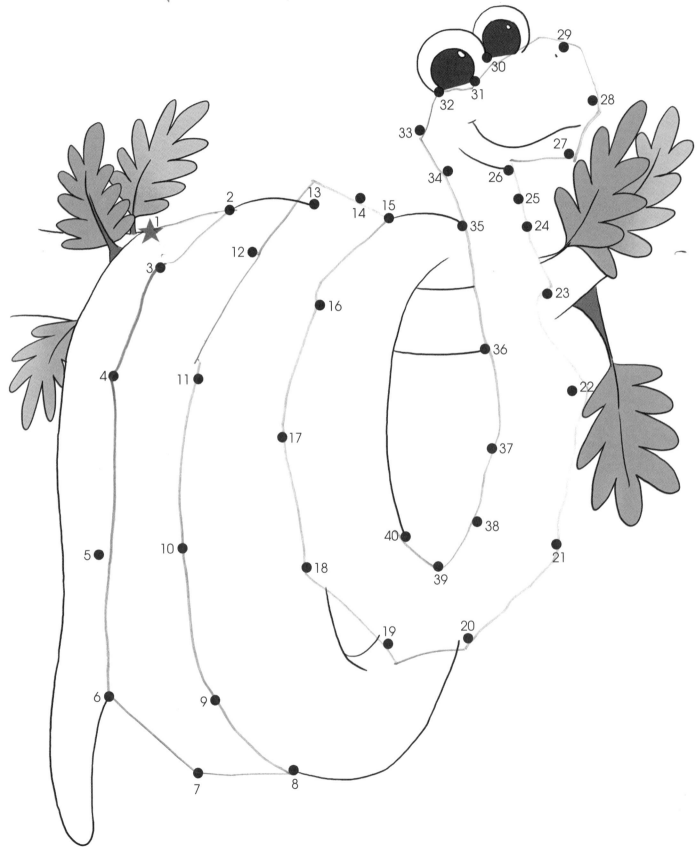

Connect the dots from **1** to **45**.
Start at the star ⭐. Color the picture.

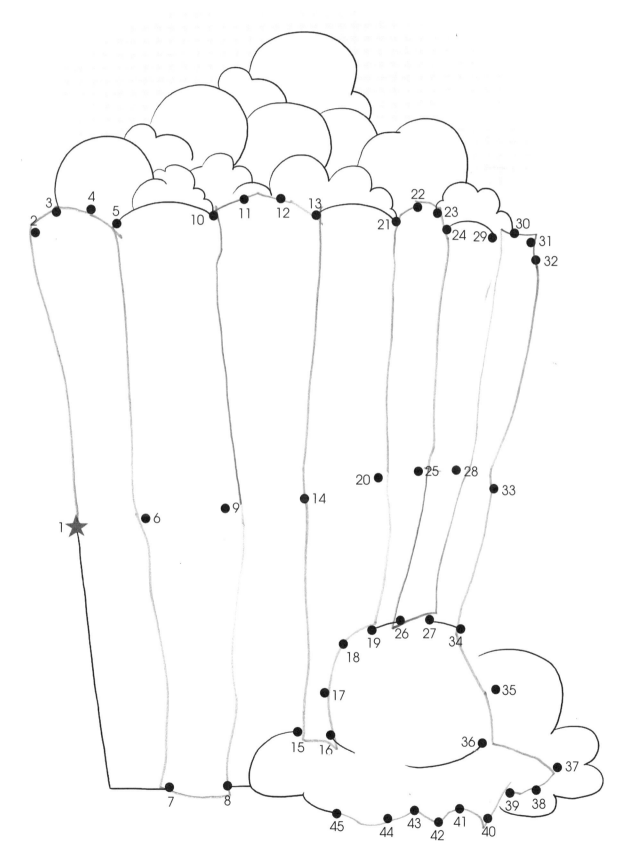

Connect the dots from **1** to **45**.
Start at the star 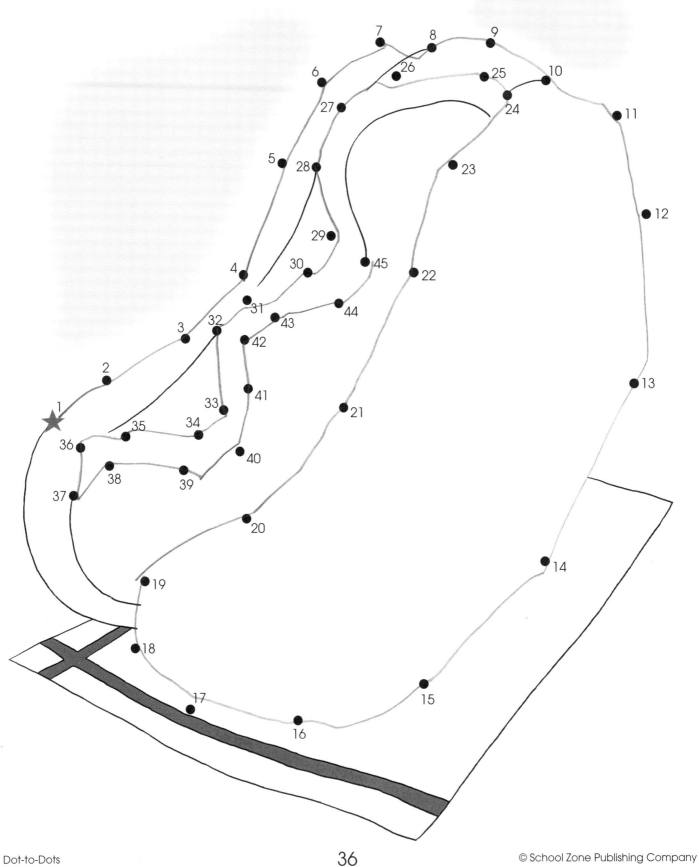. Color the picture.

36

Connect the dots from **1** to **45**.
Start at the star ⭐. Color the picture.

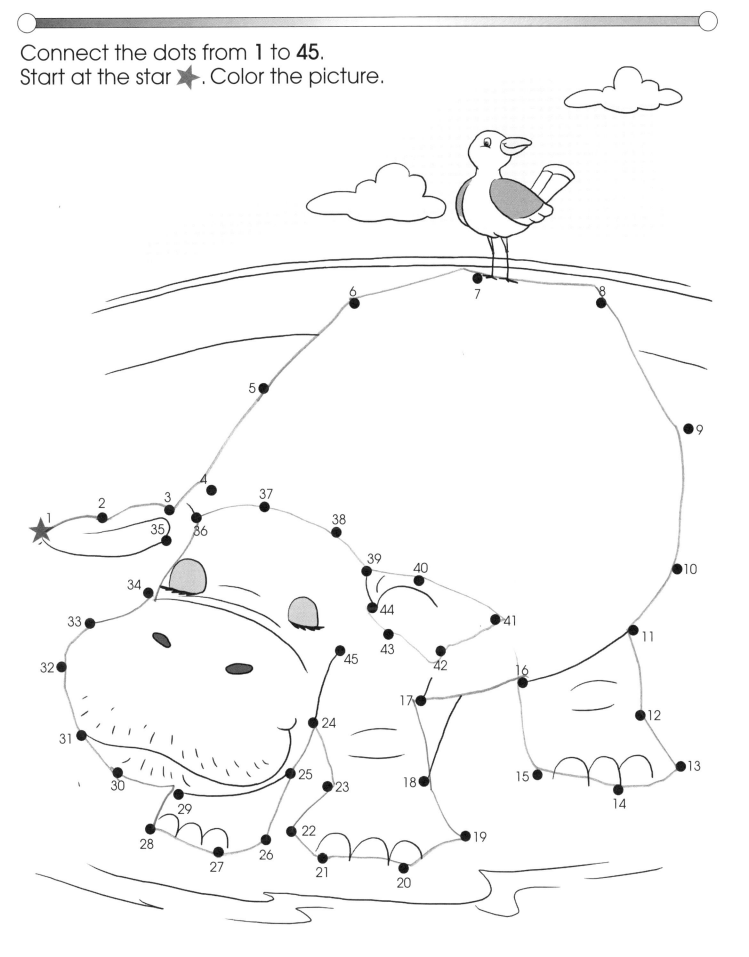

37

Dot-to-Dots

Connect the dots from 1 to 45.
Start at the star ★. Color the picture.

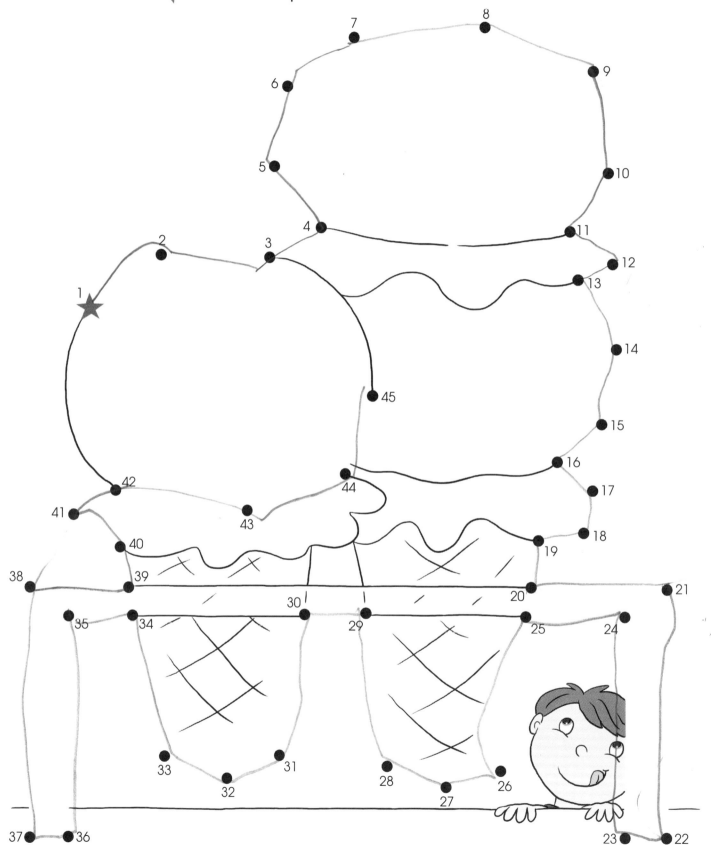

Connect the dots from **1** to **45**.
Start at the star ★. Color the picture.

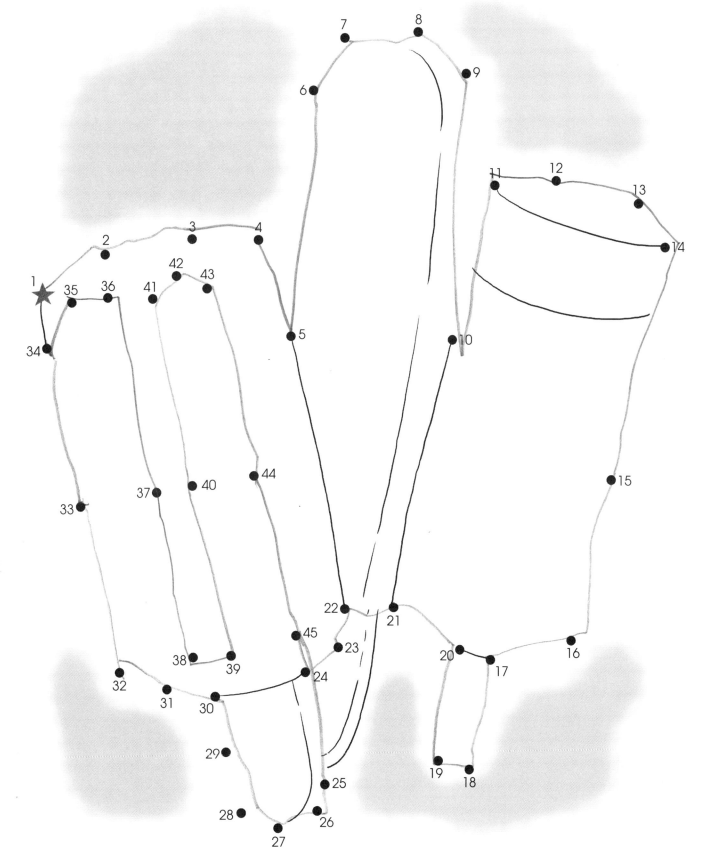

Connect the dots from **1** to **45**.
Start at the star ★. Color the picture.

40

Connect the dots from **1** to **45**.
Start at the star ★. Color the picture.

Dot-to-Dots

Connect the dots from **1** to **45**.
Start at the star ⭐. Color the picture.

42

Connect the dots from **1** to **50**.
Start at the star ⭐. Color the picture.

Connect the dots from **1** to **50**.
Start at the star ⭐. Color the picture.

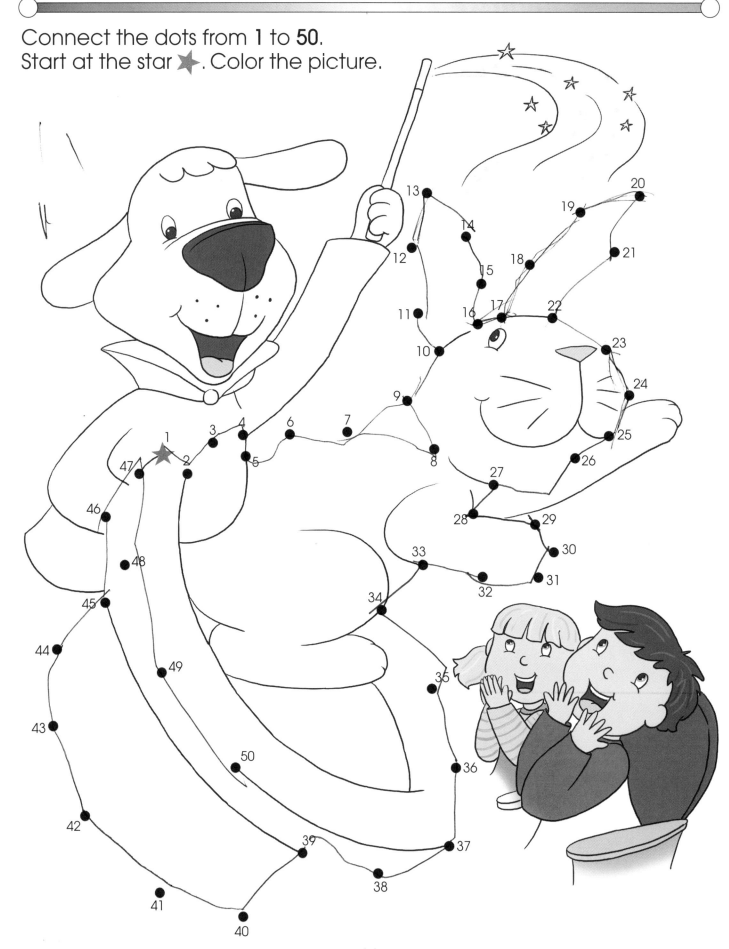

Connect the dots from **1** to **50**.
Start at the star ★. Color the picture.

Connect the dots from 1 to **50**.
Start at the star ⭐. Color the picture.

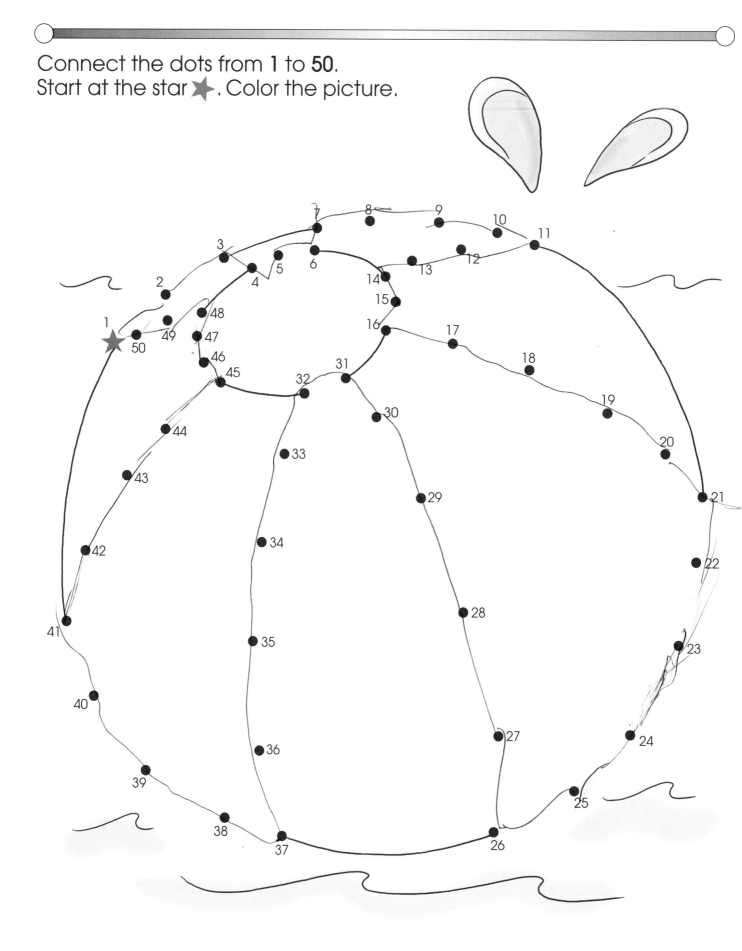

Connect the dots from **1** to **50**.
Start at the star ★. Color the picture.

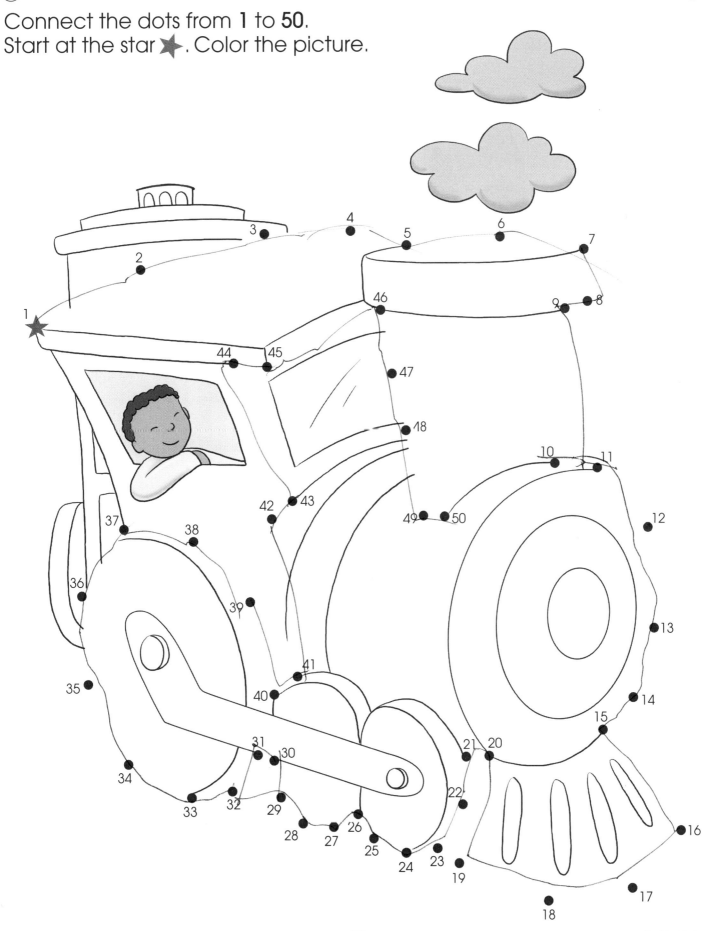

47

Connect the dots from **1** to **50**.
Start at the star ★. Color the picture.

Connect the dots from 1 to 50.
Start at the star ⭐. Color the picture.

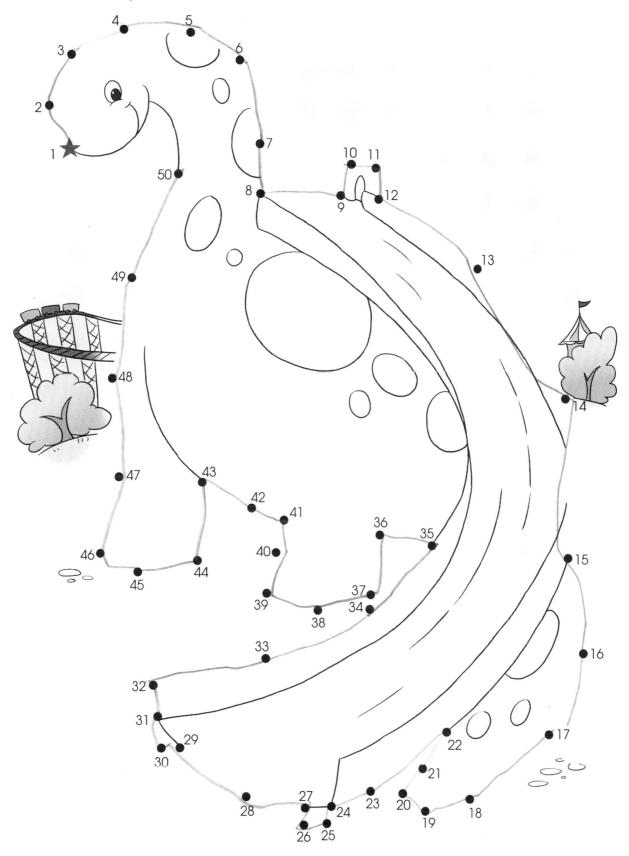

Connect the dots from **1** to **50**.
Start at the star ★. Color the picture.

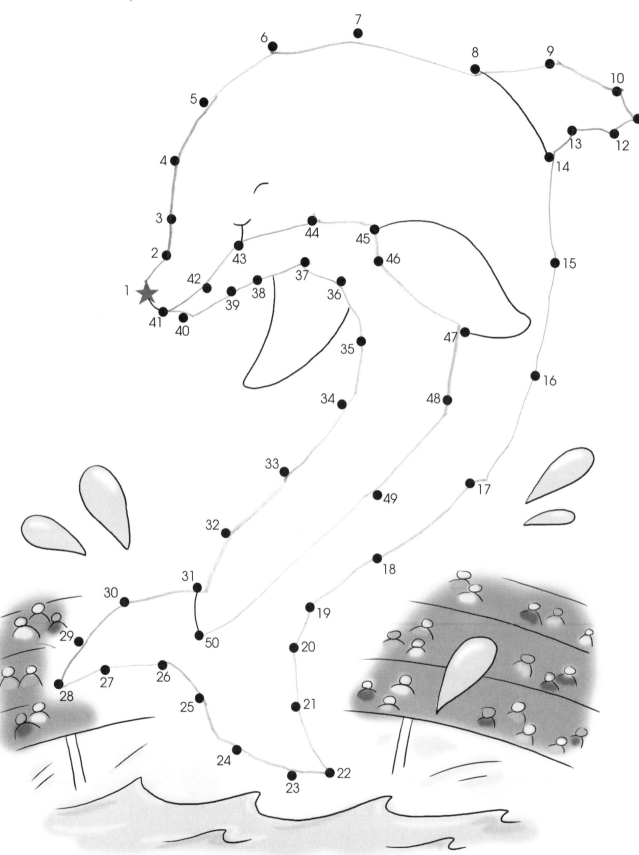

50

Connect the dots from **1** to **50**.
Start at the star ★. Color the picture.

Connect the dots from **1** to **50**.
Start at the star ★. Color the picture.

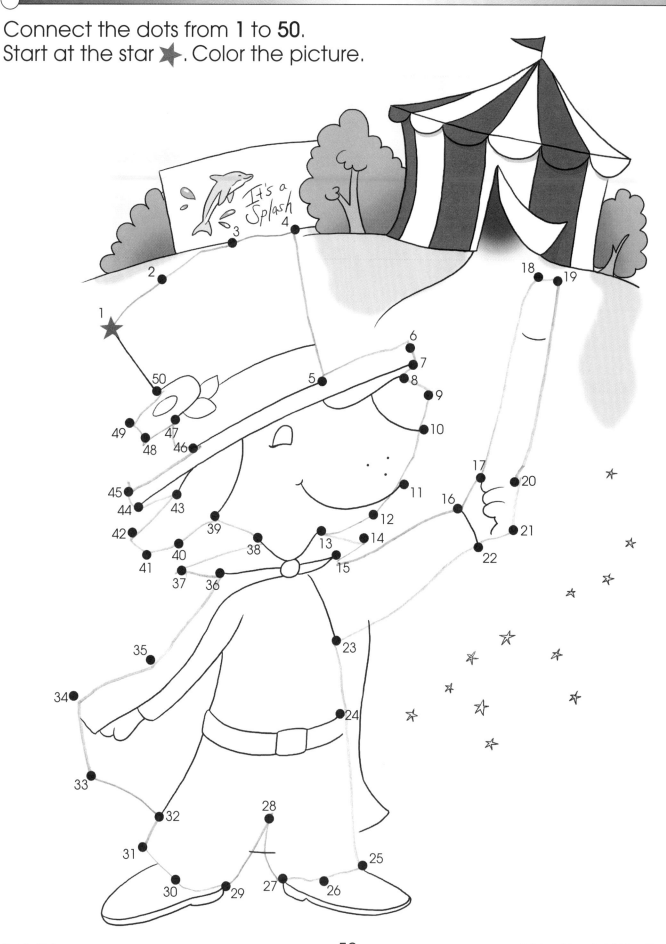

Dot-to-Dots

52

© School Zone Publishing Company

Connect the dots from **1** to **50**.
Start at the star ★. Color the picture.

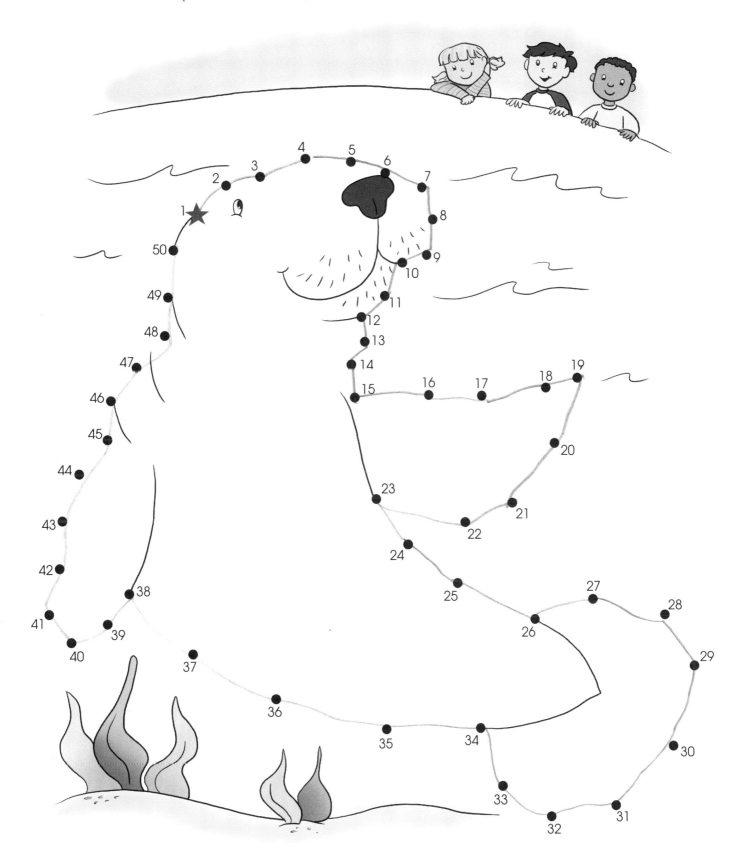

Dot-to-Dots

Connect the dots from **1** to **50**.
Start at the star ⭐. Color the picture.

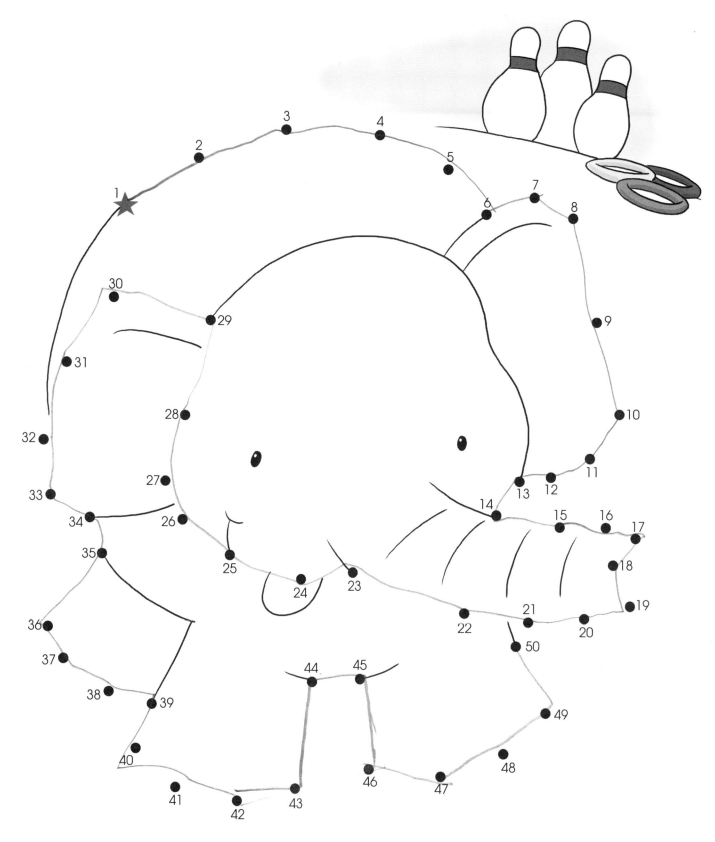

Connect the dots from **1** to **50**.
Start at the star ⭐. Color the picture.

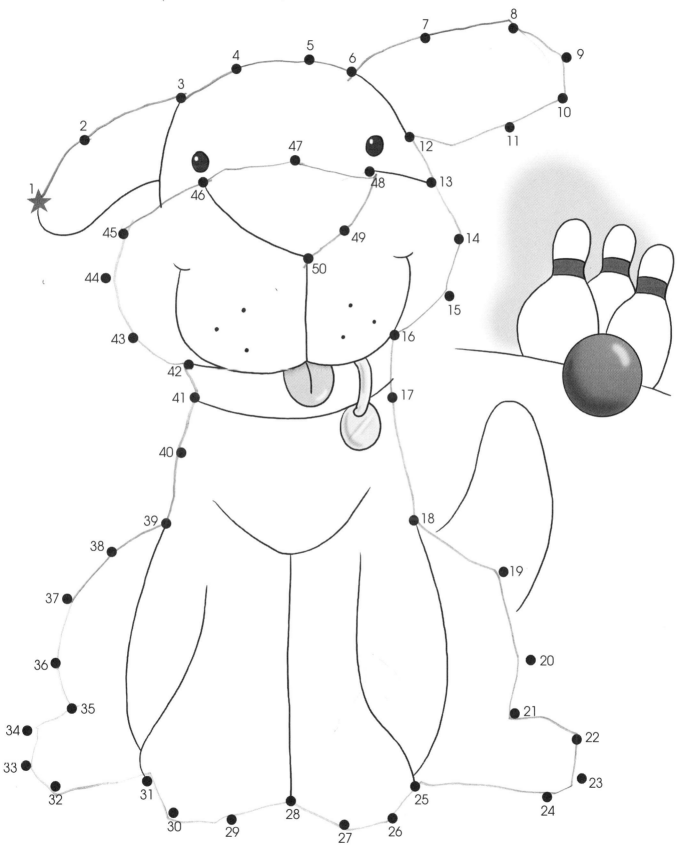

Connect the dots from 1 to 50.
Start at the star ⭐. Color the picture.

56

Connect the dots from **1** to **50**.
Start at the star ⭐. Color the picture.

Connect the dots from **1** to **50**.
Start at the star ⭐. Color the picture.

Connect the dots from **1** to **50**.
Start at the star ★. Color the picture.

Connect the dots from **1** to **50**.
Start at the star ★. Color the picture.

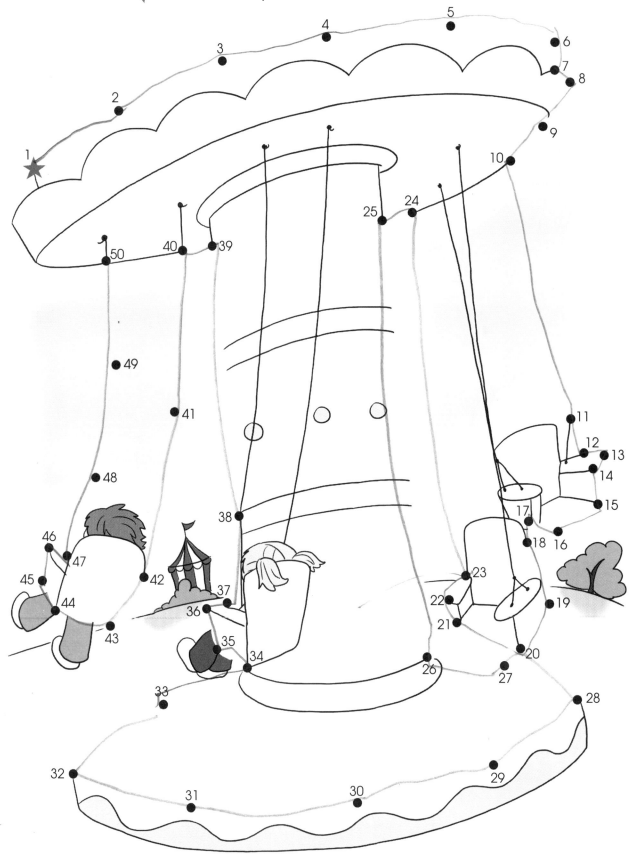

Connect the dots from **1** to **50**.
Start at the star ⭐. Color the picture.

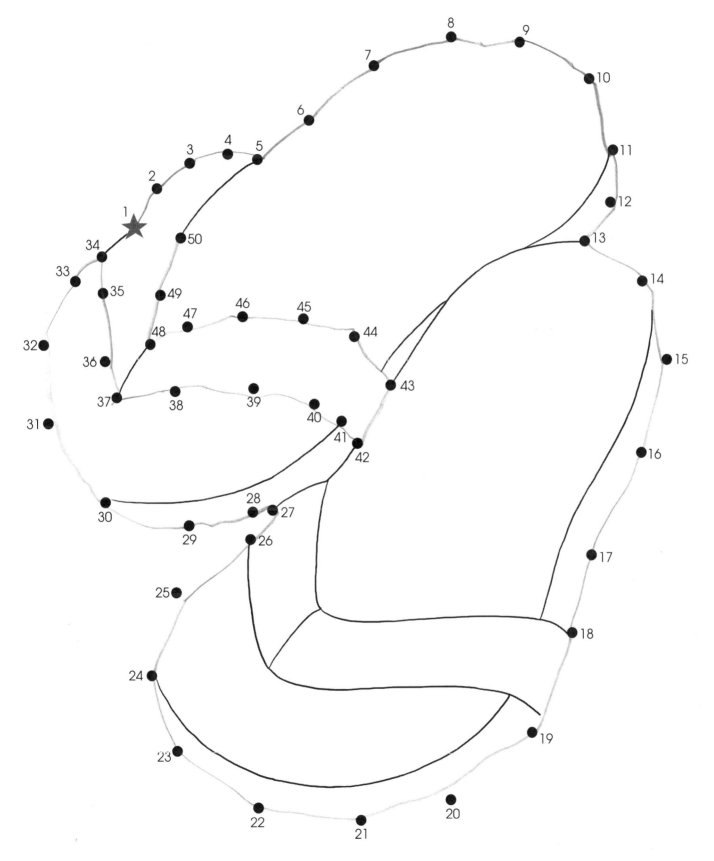

61

Connect the dots from **1** to **50**.
Start at the star ★. Color the picture.

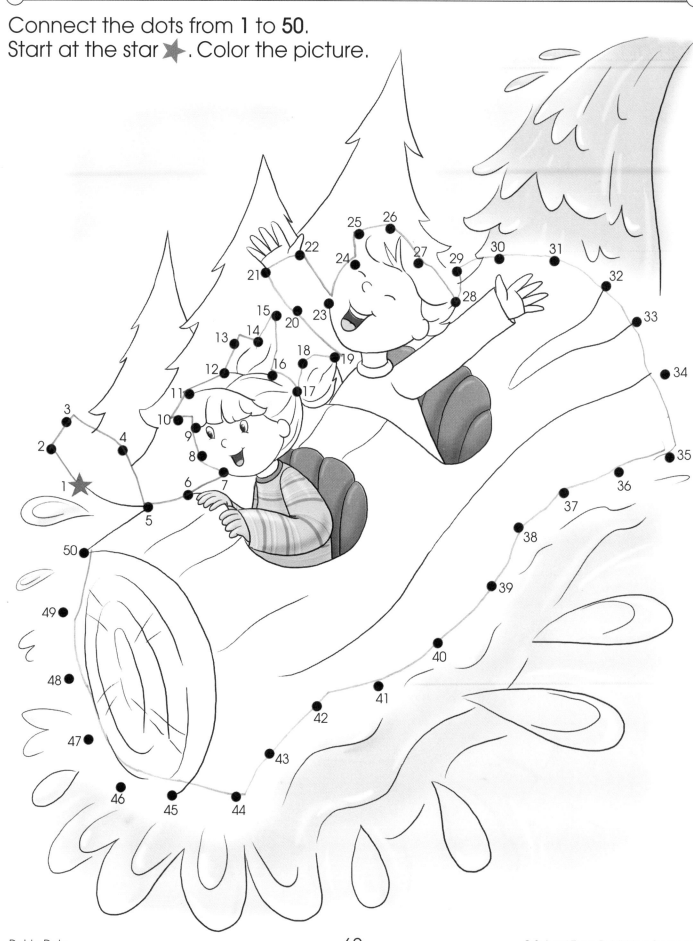

Connect the dots from **1** to **50**.
Start at the star ⭐. Color the picture.

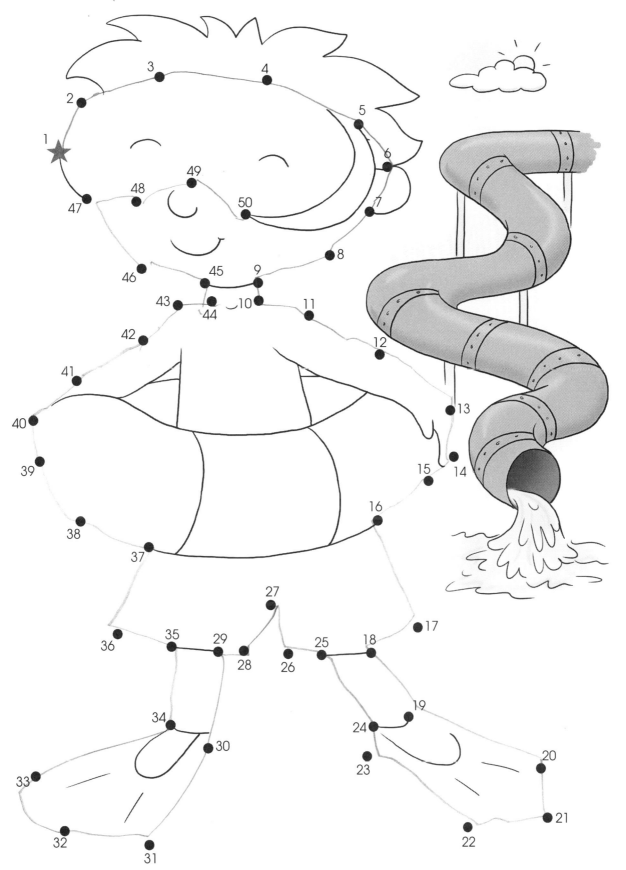

Dot-to-Dots

Connect the dots from **1** to **50**.
Start at the star ⭐. Color the picture.

64

Dot-to-Dots **08233**